Inhalt

Biotechs - Suche Kapital, biete Produkte

Kernthesen

Beitrag

Fallbeispiele

Zahlen und Fakten

Weiterführende Literatur

Impressum

Biotechs - Suche Kapital, biete Produkte

Autor GENIOS BranchenWissen: A.Schneider

Kernthesen

- Inmitten der aktuellen Finanz- und Wirtschaftskrise zeigt sich die deutsche Biotechnologie-Branche einer Umfrage zufolge verhalten optimistisch. Sorgen macht den Biotechs allerdings das immer schwerer zu erhaltende Risikokapital.
- Bereits im vergangenen Jahr waren Bündnisse zwischen den klassisch forschenden Pharmakonzernen und Biotechunternehmen an der Tagesordnung. Dieser Trend wird sich fortsetzen.
- Angesichts des herrschenden Kostendrucks gehen etliche Pharmakonzerne dazu über, Routine-Teile der Entwicklungsarbeit an externe Dienstleister auszulagern, um auf

Unsicherheiten im Geschäft flexibler reagieren zu können.

Beitrag

Bündnisse zwischen Big Pharma und Biotech wird es auch in diesem Jahr geben. Die Biotechs brauchen dringend frisches Kapital. Die Pharmakonzerne ergänzen ihr Portfolio um neue Produkte und reduzieren eigene teure Forschungs- und Entwicklungsarbeiten.

Deutsche Biotech-Szene verhalten optimistisch

Wer sich Biotechnologie-Aktien in sein Depot gelegt hat, war womöglich gut beraten. Der Amex-Biotech-Index, der die Kursentwicklung der 20 führenden Biotech-Konzerne in den USA widerspiegelt, liegt seit Jahresbeginn mit rund acht Prozent im Plus. Die Biotech-Branche ist von der aktuellen Wirtschaftskrise nur in geringem Maße betroffen. (1)

Auch die deutsche Biotechnologie-Branche zeigt sich vorsichtig optimistisch. Die Gesundheit erweist sich momentan als ziemlich konjunkturunabhängig. Trotz Finanzkrise beurteilen mehr als 90 Prozent der

deutschen Biotech-Unternehmen ihre aktuelle Lage als gut (48 Prozent) oder befriedigend (43 Prozent). Das geht aus einer gemeinsamen Umfrage des Wirtschaftsverbandes BIO Deutschland e.V. und dem Branchenmagazin transkript hervor, deren Ergebnisse am 22. Januar in Berlin vorgestellt wurden. Im Dezember 2008 wurden dafür insgesamt 200 deutsche Unternehmen aus den Life Sciences befragt.
Demnach wird die künftige Geschäftslage von den meisten als gleich bleibend (49 Prozent) oder günstiger (33 Prozent) eingeschätzt. Die Zahl der Pessimisten stieg allerdings von zwei Prozent auf 18 Prozent.
Sogar neue Arbeitsplätze sollen geschaffen werden. So gab die Hälfte der befragten Biotech-Unternehmen an, im kommenden Jahr neue Mitarbeiter einstellen zu wollen (Vorjahr: 71 Prozent), 39 Prozent rechnen mit keiner Veränderung. Nur elf Prozent gehen von Entlassungen aus (Vorjahr: drei Prozent).
Auch bei den Ausgaben für Forschung & Entwicklung erwartet die Branche für dieses Jahr Zuwächse. Rund die Hälfte der Firmen (52 Prozent) gab an, ähnlich hohe Forschungs- und Entwicklungsausgaben wie im Vorjahr (44 Prozent) tätigen zu wollen. Etwa 40 Prozent wollen sogar stärker investieren als 2008. Die Zahl der Sparer, die weniger als im Vorjahr investieren, hat sich im Gegensatz zum Vorjahr kaum verändert (2009: sieben Prozent, 2008: acht Prozent).

(2), (3)

Sorgen macht den Biotech-Firmen allerdings, dass Risikokapital noch schwerer zu ergattern ist. Ihre Hoffnungen setzt die Branche nun vor allem auf die Pharmaindustrie. Diese ihrerseits hat ein großes Interesse an aussichtsreichen Produkten aus der Biotech-Forschungspipeline, da es um umsatzträchtigen Produktnachschub aus den eigenen Laboren oft schlecht bestellt ist.

Big Pharma auf Einkaufstour in der Biotech-Szene

Die klassisch forschenden Pharmakonzerne suchen zunehmend ihr Heil in Kooperationen, strategischen Allianzen, Lizenzabkommen und Fusionen mit Biotech-Unternehmen. So sichern sie ihren Nachschub an Zukunftsprodukten.

2008 übernahmen sie Biotechfirmen im Wert von über 140 Milliarden Dollar, 60 Prozent mehr als 2007. Laut globalem Biotechreport der Wirtschaftsprüfungsgesellschaft Ernst & Young summierte sich allein in den USA der Wert von strategischen Kooperationen zwischen Pharma- und Biotechfirmen im vergangenen Jahr auf 20 Milliarden Dollar. Zur Jahrtausendwende war gerade mal ein

Volumen von etwas über drei Milliarden Dollar erreicht worden.

Der schwedisch-britische Konzern AstraZeneca übernahm Medimmune Inc. für elf Milliarden Euro, Japans Takeda zahlte für die Millenium Inc. sechs Milliarden Euro. Eli Lilly erwarb Imclone für fünf Milliarden und sicherte sich damit den Zugriff auf das Antikrebsmittel Erbitux, das im vergangenen Jahr weltweit bereits rund 1,3 Milliarden Dollar Umsatz erzielte.
Derzeit arbeitet Roche an der vollständigen Übernahme von Genentech, das bereits seine umsatzstärksten Wirkstoffe Herceptin, Avastin und Mabthera liefert. Mit Avastin hat Genentech eines der global am häufigsten verwendeten Mittel zur Bekämpfung von Krebs entwickelt und zum Einsatz gebracht. Es wird mittlerweile für vier verschiedene Behandlungen eingesetzt. Im kommenden Jahr soll eine fünfte dazukommen. Diese so genannten Indikationen könnten bis auf 20 steigen und den Jahresumsatz des Mittels von zwei Milliarden Euro leicht verdoppeln.
Und Weltmarktführer Pfizer begründet die laufende Übernahme des kleineren amerikanischen Wettbewerbers Wyeth für rund 68 Milliarden Dollar unter anderem mit dessen attraktivem Biotech-Portfolio.

Auch in der europäischen Szene waren rege Übernahmeaktivitäten zu beobachten. [Abb.1] Der Gesamtwert der Allianzen zwischen großen Pharmaunternehmen und Biotech-Firmen erhöhte sich von 1,8 Milliarden Euro im Jahr 2005 auf 6,8 im vergangenen Jahr, so die Experten von Ernst & Young. Und in 2009 soll sich der Trend fortsetzen.
Die britische GlaxoSmithKline (GSK) verfolgt sehr konsequent ihre Strategie, das eigene Produktportfolio durch Lizenzen und Forschungsallianzen zu ergänzen. Sie schloss im Juli vergangenen Jahres den bisher größten Lizenzdeal der Biotechbranche mit einem Gesamtvolumen von bis zu 3,3 Milliarden Dollar (rund zwei Milliarden Euro) mit der Schweizer Firma Actelion für ihr neuartiges Schlafmittel Almorexant ab. Die Unternehmen teilten sich die weiteren Entwicklungskosten für das Produkt. Der Gewinn aus späteren Verkäufen wird ebenfalls aufgeteilt. Die Partnerschaft mit Actelion reiht sich in eine Reihe weiterer Kooperationen mit Biotechfirmen wie Genmab, Santaris und Galapagos ein. GSK, die zuletzt 45 Milliarden Dollar Umsatz und rund 15 Milliarden Dollar Betriebsgewinn erzielte, hat in den vergangenen eineinhalb Jahren mehr als 14 Milliarden Dollar für solche Deals eingesetzt.
Auch die Schweizer Firma Novartis ist sehr rege, wie die Vereinbarungen mit dem britischen Krebsforscher Antisoma, dem österreichischen Impfstoffspezialisten Intercell und der deutschen MorphoSys zeigen. Die

Schweizer wollen über zehn Jahre hinweg mindestens 600 Millionen Dollar an MorphoSys zahlen und sichern sich dafür den Zugang zu den Technologien des Unternehmens auf dem Gebiet der Antikörper-Forschung.

Auslagerung von Entwicklungsarbeiten im Trend

Pharmaforschung ist extrem teuer und beansprucht viel Zeit. Angesichts des herrschenden Kostendrucks gehen etliche Pharmakonzerne dazu über, Teile der Entwicklungsarbeit an externe Dienstleister auszulagern. Dadurch kann auf Unsicherheiten im Geschäft flexibler reagiert werden und klinische Programme können leichter gestoppt oder verstärkt werden. Bisher werden in erster Linie Routineaufgaben wie die Durchführung von Tierversuchen und klinischen Studien, Analytik oder die Dateneingabe ausgelagert. Nach Erhebungen des Tufts Center for the Study of Drug Development (CSDD) wächst der Markt für Forschungsdienstleister jährlich um mehr als 15 Prozent. Ein Viertel der Entwicklungsarbeit sei mittlerweile ausgelagert, das entspreche einem Marktvolumen von 15 Milliarden Dollar. (4)

Beispielsweise hat Eli Lilly im vergangenen Herbst

einen ganzen Forschungsstandort an den Dienstleister Covance übergeben, wird aber in den kommenden zehn Jahren bei diesem Forschungs- und Entwicklungsarbeiten in Wert von 1,6 Milliarden Dollar einkaufen. Astra-Zeneca gab das Datenmanagement für klinische Tests an den IT-Dienstleister Cognizant ab und schloss einen Fünfjahresvertrag im Volumen von 95 Millionen Dollar.

Fazit

Den großen Pharmakonzernen drohen in den kommenden zehn Jahren massive Patentausläufe und somit wegbrechende Umsätze in angestammten Geschäften. Seit einiger Zeit suchen sie daher verstärkt Partnerschaften in der Biotechszene, um sich mit aussichtsreichen Medikamentenkandidaten ihr künftiges Wachstum zu sichern. Für viele Biotechs kommen die kapitalkräftigen Big Pharma-Einkaufspläne gerade zur rechten Zeit, denn es wird immer schwerer, neues Risikokapital locker zu machen.

Fallbeispiele

Einige Biotech-News der vergangenen Wochen:Der amerikanische Weltmarktführer **Pfizer** kauft den kleineren US-Wettbewerber Wyeth und sichert sich dadurch dessen Kompetenz bei biotechnologischen Medikamenten und Impfstoffen. Rund 60 Prozent des Umsatzes erwirtschaftet Wyeth mit biotechnologischen Medikamenten und Impfstoffen. Zu den Toparzneien von Wyeth gehören das Antidepressivum Effexor, der Kinder-Impfstoff Prevnar sowie das Arthritis-Mittel Enbrel, das die Firma mit Amgen vertreibt. Spezialisiert ist Wyeth auf Hormontherapien und Empfängnisverhütung, Erkrankungen des zentralen Nervensystems, rheumatoide Arthritis sowie Impfstoffe. (5)

Das Schweizer Pharmaunternehmen **Roche** hat zwar sein Kaufangebot verringert, hält aber nach wie vor an seinen Plänen zur vollständigen Übernahme der Tochtergesellschaft **Genentech** fest. Roche hält derzeit 55,8 Prozent an Genentech. Auch künftig soll Genentech im Roche-Konzern unabhängig bleiben; dies äußert sich unter anderem dadurch, dass der Forschungschef nicht dem Kollegen in Basel unterstellt werde, so die Konzernleitung. Die Abwanderung der fähigsten Genentech-Forscher soll durch zusätzliche Halteprämien verhindert werden.

(6)

Der weltgrößte Biotechnologiekonzern **Amgen** musste im vergangenen Quartal einen deutlichen Umsatzrückgang bei seinem wichtigen Medikament Aranesp zur Behandlung von Blutarmut hinnehmen.

Qiagen

, das größte europäische Biotechunternehmen, verfolgt Expansionspläne. Der Hersteller von Test- und Analyse-Technologien für Biotech-Industrie und Forschung baut sein europäisches Hauptquartier in Hilden für 27 Millionen Dollar aus, will im laufenden Jahr 100 neue Mitarbeiter einstellen und seine erste Umsatz-Milliarde realisieren. (7), [Abb.2]

Die Münchner Biotechfirma **Wilex** erhält neues Kapital durch den Einstieg des belgischen Pharmakonzerns UCB. Wilex bekommt zehn Millionen Euro und eine Option auf weitere zehn Millionen, wenn einige Forschungsziele erreicht werden. Außerdem beteiligt sich UCB über eine Kapitalerhöhung mit 13,2 Prozent an Wilex und wird drittgrößter Eigner nach dem SAP-Mitgründer Dietmar Hopp und dem Finanzinvestor Apax. Wilex übernimmt das Onkologie-Programm von UCB und forscht an fünf Krebsmitteln weiter, die bisher nur im

Labor getestet wurden. Dafür sichert sich UCB das Recht, die Substanzen bei erfolgreicher Entwicklung zurückkaufen und vermarkten zu können. (8)

Das Biotechnologieunternehmen **Medigene** hat den Aufstieg in den TecDax geschafft. Die Aktien von Medigene ersetzen im Tec-DAX die Titel des Windkraftunternehmens Repower, das vom indischen Hersteller Suzlon gekauft worden war. Die amerikanische Biotech-Firma **Geron** gab bekannt, sie werde damit beginnen, am Menschen eine Therapie zu testen, die in der Forschung mit embryonalen Stammzellen entwickelt wurde. Bei den Tests bekommen Patienten mit schweren Rückenmarksverletzungen neuronale Vorläuferzellen injiziert, die dann hoffentlich die Leitfähigkeit der Nervenzellen bis zu einem gewissen Grad wieder herstellen. Der Versuch ist der erste seiner Art auf der Welt und gilt als Durchbruch auf dem Gebiet. (9)

Das Tübinger Biotechnologieunternehmen **Immatics** wurde für die Entwicklung immuntherapeutischer Krebsmedikamente mit dem Innovationspreis der deutschen Wirtschaft ausgezeichnet. Den Preis verliehen zum 29. Mal die WirtschaftsWoche und der Wirtschaftsclub Rhein-Main. (10)

Zahlen & Fakten

Europa: Top Bündnisse zwischen Biotechnologie- und Pharma-Konzernen 2008

Biotechnologie-unternehmen	Pharmapartner	Marktvolumen in Millionen Dollar
Actelion, CH	GlaxoSmithKline, GB	3.300
Genmab, DK	GlaxoSmithKline, GB	2.100
Ablynx, B	Boehringer, D	1.325
Galapagos, B	Johnson & Johnson, USA	1.000
Santaris DK	GlaxoSmithKline, GB	700
Antisoma, GB	Novartis, CH	688
Intercell, A	Novartis, CH	667
MorphoSys, D	Novartis, CH	650
Renovo, GB	Shire, GB	621
Galapagos, B	GlaxoSmithKline, GB	215
IDEA, D	Alpharma, USA	182
Scil Technology, D	Pfizer, USA	161

Basis: Bruttowerbeinvestitionen, Arzneimittel, Gesundheit+Pharmazie   GBI-Genios Grafik

Quelle: Nielsen Media Research

Entnommen aus: Handelsblatt, 07.10.2008, S. 14

Top 11 Börsennotierte Unternehmen für Biotechnologie in Deutschland nach Umsatz 2007

Rang	Unternehmen	Umsatz 2007 in Millionen Euro
1	Qiagen	474
2	Brahms	63
3	Morphosys	62
4	Evotec	33
5	Medigene	22
6	Girindus	22
7	MWG Biotech	19
8	Jerini	19
9	GPC Biotech	18
10	Geneart	12
11	Paion	5

GBI-Genios Grafik

Quelle: BCG-Analyse, Bio Deutschland, EMEA, Ernst & Young, Europäische Kommission, F.A.Z.-Archiv, Unternehmen, VFA.

Entnommen aus: Frankfurter Allgemeine Zeitung, 27.10.2008, S. 21

Weiterführende Literatur

(1) Biotech-Aktien die heimlichen Gewinner der Krise Anleger können mit einem Einstieg in die kaum konjunkturabhängige Branche profitieren aus DIE WELT, 07.02.2009, Nr. 32, S. 19

(2) Bankenkrise: Deutsche Biotech-Branche braucht mindestens eine Milliarde Euro
aus www.LifeGen.de, 25.01.2009

(3) Bio-Technologie zeigt sich wetterfest - Zukunftsbranche erwartet auch in der Krise Wachstum/Rhein-Main-Gebiet ist hessisches Zentrum
aus Wiesbadener Kurier, Main-Taunus-Kurier vom 06.02.2009

(4) Ausgeforscht Um Ersatz für Blockbuster zu finden, deren Patentschutz ausläuft, müssen Pharmakonzerne gezielter forschen. Das Vorbild: Biotech-Unternehmen Georg Dahm
aus Financial Times Deutschland vom 05.02.2009, Seite 15MP15

(5) Gentechnik soll Pfizer retten
aus Süddeutsche Zeitung, 27.01.2009, Ausgabe Deutschland, Bayern, München, S. 28

(6) Roche sichert Genentech große Unabhängigkeit zu
aus Frankfurter Allgemeine Zeitung, 05.02.2009, Nr. 30, S. 17

(7) Qiagen trotzt der Krise
aus Rheinische Post Nr. vom 14.02.2009

(8) Pharmakonzern UCB hilft Wilex Pharmakonzern UCB steigt bei Wilex ein

aus Süddeutsche Zeitung, 10.01.2009, Ausgabe
Bayern, München, Deutschland, S. 24

(9) Lahme sollen wieder gehen US-Präsident Obama
will Stammzellforschung staatlich fördern
aus Frankfurter Rundschau v. 29.01.2009, S.15,
Ausgabe: S Stadt

(10) Die Sieger
aus WirtschaftsWoche NR. 005 VOM 26.01.2009 SEITE
060

Impressum

Biotechs - Suche Kapital, biete Produkte

Bibliografische Information der deutschen Nationalbibliothek

Die Deutsche Nationalbibliothek verzeichnet diese Publikation in der deutschen Nationalbibliografie; detaillierte bibliografische Daten sind im Internet über http://dnb.d-nb.de abrufbar.

ISBN: 978-3-7379-2756-7

© 2015 GBI-Genios Deutsche Wirtschaftsdatenbank GmbH, Freischützstraße 96, 81927 München, www.genios.de

Alle Rechte vorbehalten. Dieses Werk ist einschließlich aller seiner Teile – z.B. Texte, Tabellen und Grafiken - urheberrechtlich geschützt. Jede Verwertung außerhalb der Grenzen des Urheberrechtsgesetzes bedarf der vorherigen Zustimmung des Verlags. Dies gilt insbesondere auch für auszugsweise Nachdrucke, fotomechanische Vervielfältigungen (Fotokopie/Mikroskopie), Übersetzungen, Auswertungen durch Datenbanken oder ähnliche Einrichtungen und die Einspeicherung und Verarbeitung in elektronischen Systemen.